Ein Ausmalbuch für Senioren
- Anfänger -

50 Bilder, die leicht gelingen

2. Auflage

- mit 32 neuen Bildern -

Casilda Berlin

Weitere Ausmalbücher von Casilda Berlin:

LANDSCHAFTEN – zum Ausmalen und Relaxen, Band 1
ISBN-13: 978-1530922925

LANDSCHAFTEN – Strand und Meer zum Ausmalen und Relaxen
ISBN-13: 978-1534676169

HÄUSER UND GEBÄUDE – zum Ausmalen und Relaxen
ISBN-13: 978-1533569080

Tiere aus aller Welt zum Ausmalen und Relaxen
ISBN-13: 978-1530831357

50 zauberhafte Hunde
ISBN-13: 978-1530059607

50 fantastische Pferde
ISBN-13: 978-1530203741

Eulen zum Ausmalen und Relaxen
ISBN-13: 978-1530448067

ENTSPANNNG – 50 harmonische Bilder zum Ausmalen und Relaxen
ISBN-13: 978-1530852543

BERLIN – zum Ausmalen und Relaxen
ISBN-13: 978-1533419934

Besuchen Sie die Autorin Casilda Berlin und holen Sie sich drei kostenlose Bilder zum Ausmalen:

www.casilda-berlin.de

ISBN: 1530264391
ISBN-13: 978-1530264391

Herzlich Willkommen in der bunten Welt der Ausmalbilder für Senioren

Machen Sie es sich bequem, und setzen Sie sich an einen Tisch oder dorthin, wo Sie sonst entspannt zum Malen verweilen können. Legen Sie die Stifte und das Ausmalbuch bereit, und starten Sie mit dem Ausmalen.

Lassen Sie dabei Ihrer Lust und Laune freien Lauf. Wenn Ihnen danach ist, sich nicht sehr anstrengen zu wollen, dann wählen Sie ein Motiv mit einfachen Mustern.

Oder haben Sie heute aber viel Zeit und Muße und haben Lust auf eine größere Aufgabe, dann widmen Sie sich einem filigranen Bild.

Oder nehmen Sie zum „Aufwärmen" ein einfaches Motiv und steigern Sie sich dann.

Sie merken – es liegt ganz allein in Ihrer Hand, welche Reihenfolge Sie einhalten. Sie können das Buch in der Mitte beginnen, oder am Ende. Oder wechseln Sie mal zwischendurch. Es gibt keine Regeln, auch nicht für das Ausmalen an sich.

Wählen Sie die Farben, so wie es Ihnen am besten gefällt. Sie können die Farben auch gezielt aussuchen, um eine bessere Stimmungslage zu erreichen. Umgeben Sie sich dann mit bunten Farben, die in der Lage sind, gute Laune zu verbreiten. Hören Sie auf Ihre Intuition und legen Sie den Stress beiseite und die Stifte bereit.

Welche Stifte?

Stift ist nicht gleich Stift, und je höher Ihre Ansprüche an hochwertige Bilder sind, umso mehr sollten Sie auf die Qualität der Stifte achten.

Grundsätzlich können die Bilder mit Buntstiften oder Filzstiften ausgemalt werden. Wenn Sie nur selten malen, reichen einfache Buntstifte aus. Für häufiges Malen und farbintensivere Ergebnisse sind allerdings pigmentstarke Buntstifte oder Filzstifte zu bevorzugen.

Filzstifte haben die Vorteile, dass sie im Gegensatz zu Buntstiften über mehr Farbintensivität verfügen und ohne Druck auskommen und somit die Handgelenke schonen. Mit speziellen Filzstiften mit Pinselspitzen lassen sich die filigranen Motive besonders gut ausmalen.

Wichtig:

Je nach Filzstiftart ist es zu empfehlen, ein Schutzblatt zwischen die zu bemalende und die nächste Seite zu legen, um Durchfärben zu verhindern.

Informationen für Begleitmaler:

Dieses Buch eignet sich sehr gut zur Alleinbeschäftigung, aber auch zur Teamarbeit mit einem unterstützenden Begleitmaler. Letzteres ist meistens dann relevant, wenn körperliche Einschränkungen das eigenständige Ausmalen erschweren.

Mit den nachfolgenden 10 Tipps wird das Malvergnügen dennoch möglich und zu einer fantastischen Alltagsbeschäftigung.

Alle Tipps wurden im Praxisalltag in der Seniorenbetreuung entwickelt und haben sich inzwischen mehrfach bewährt.

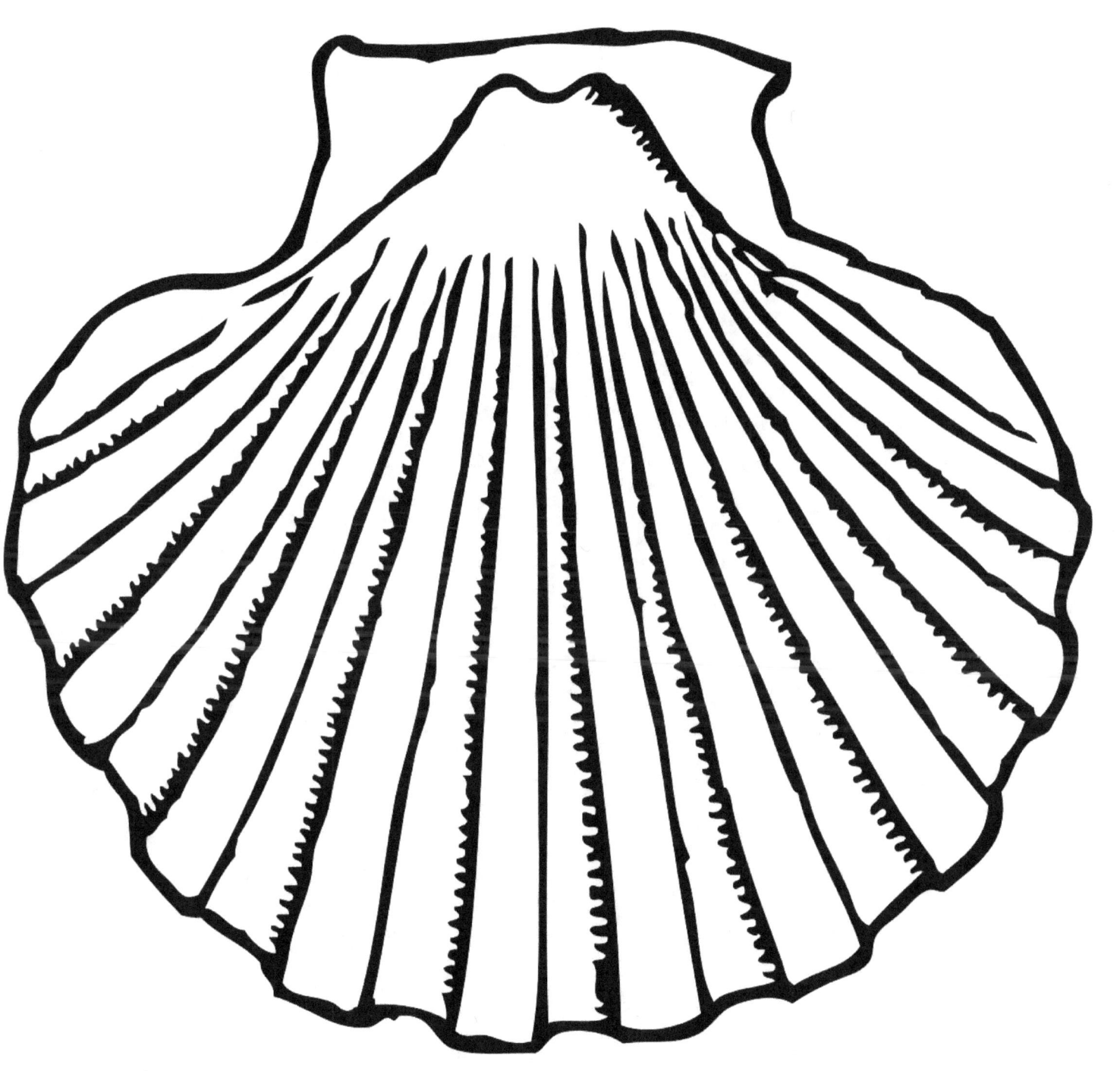

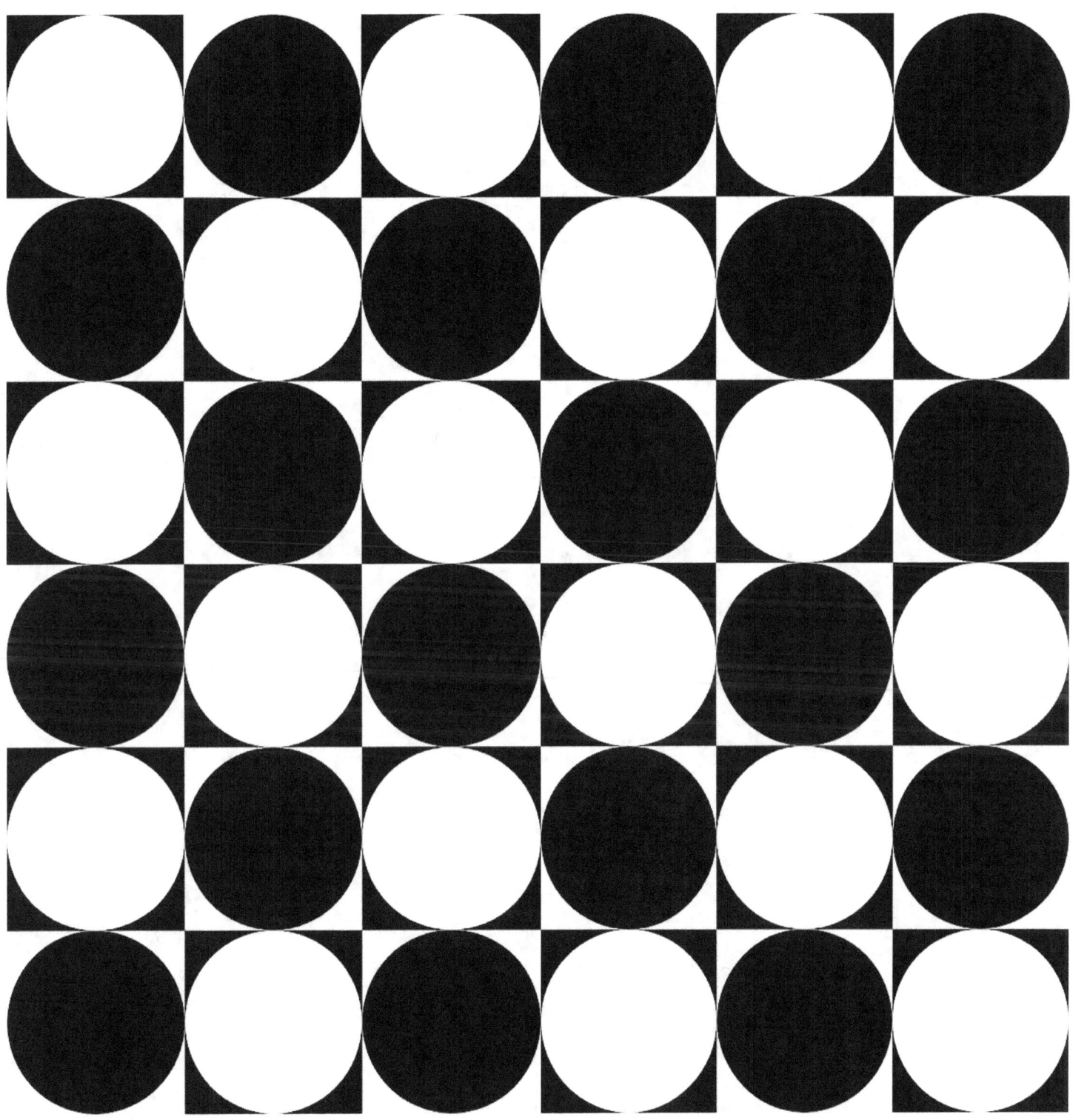

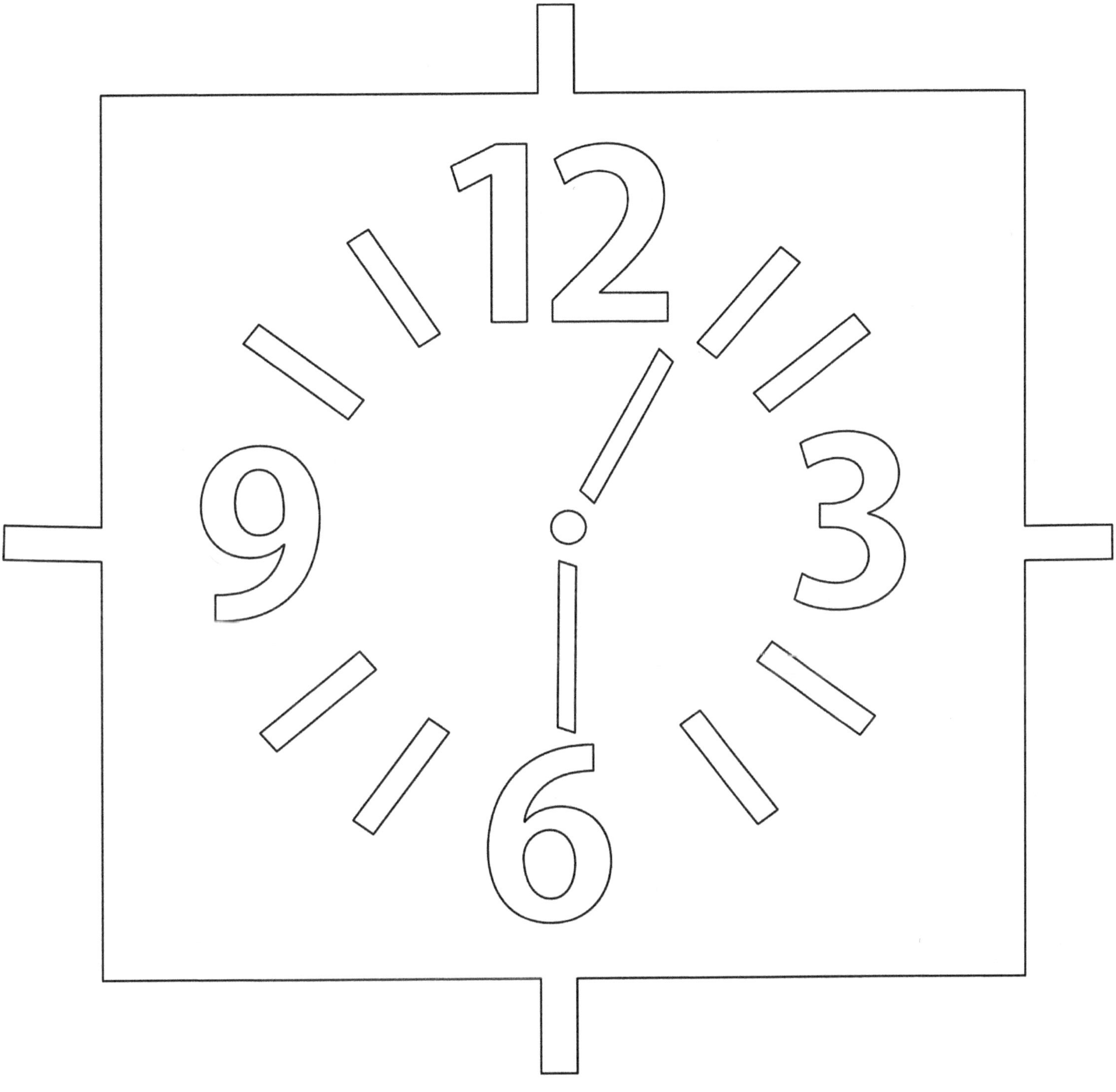
12
9
3
6

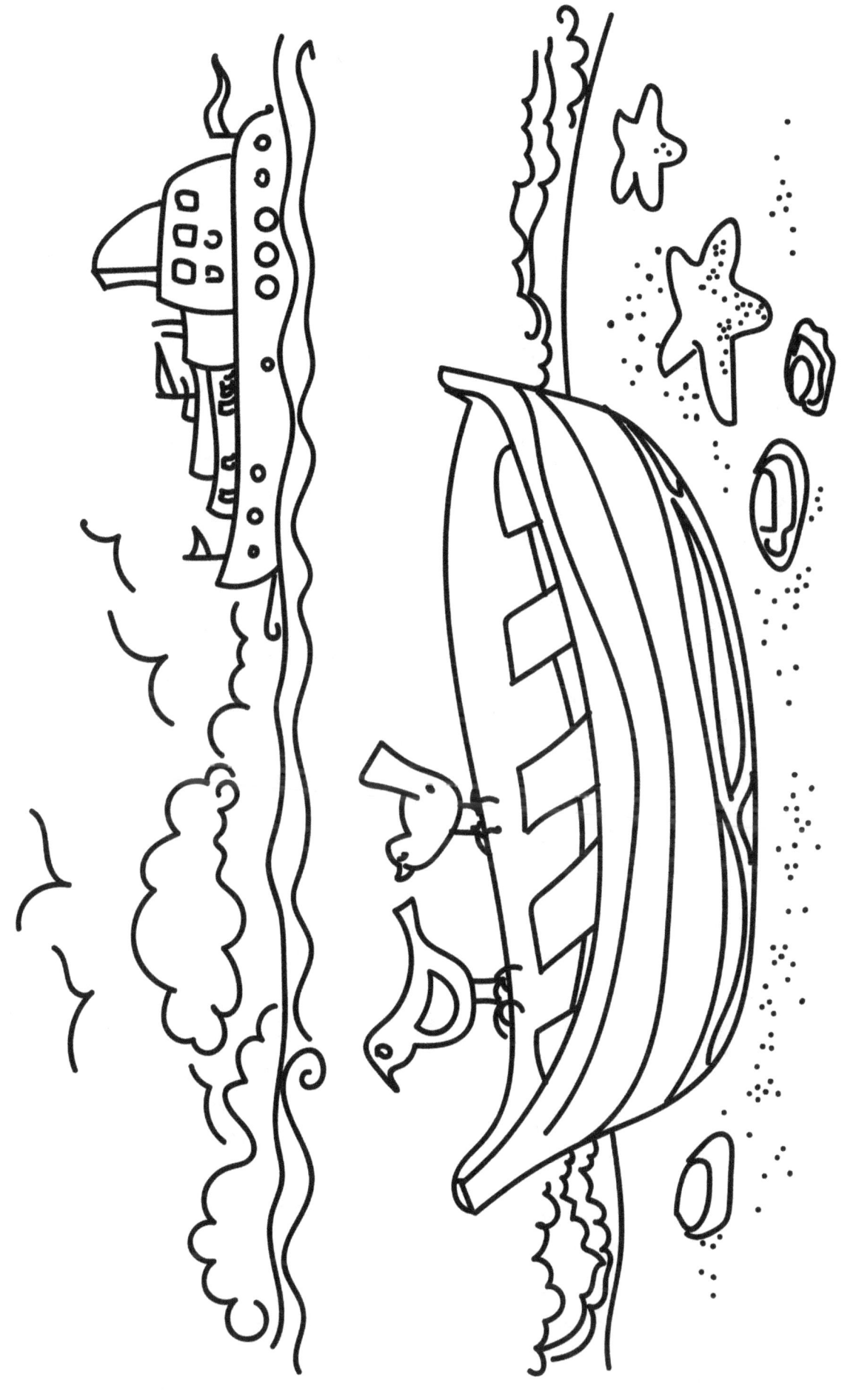

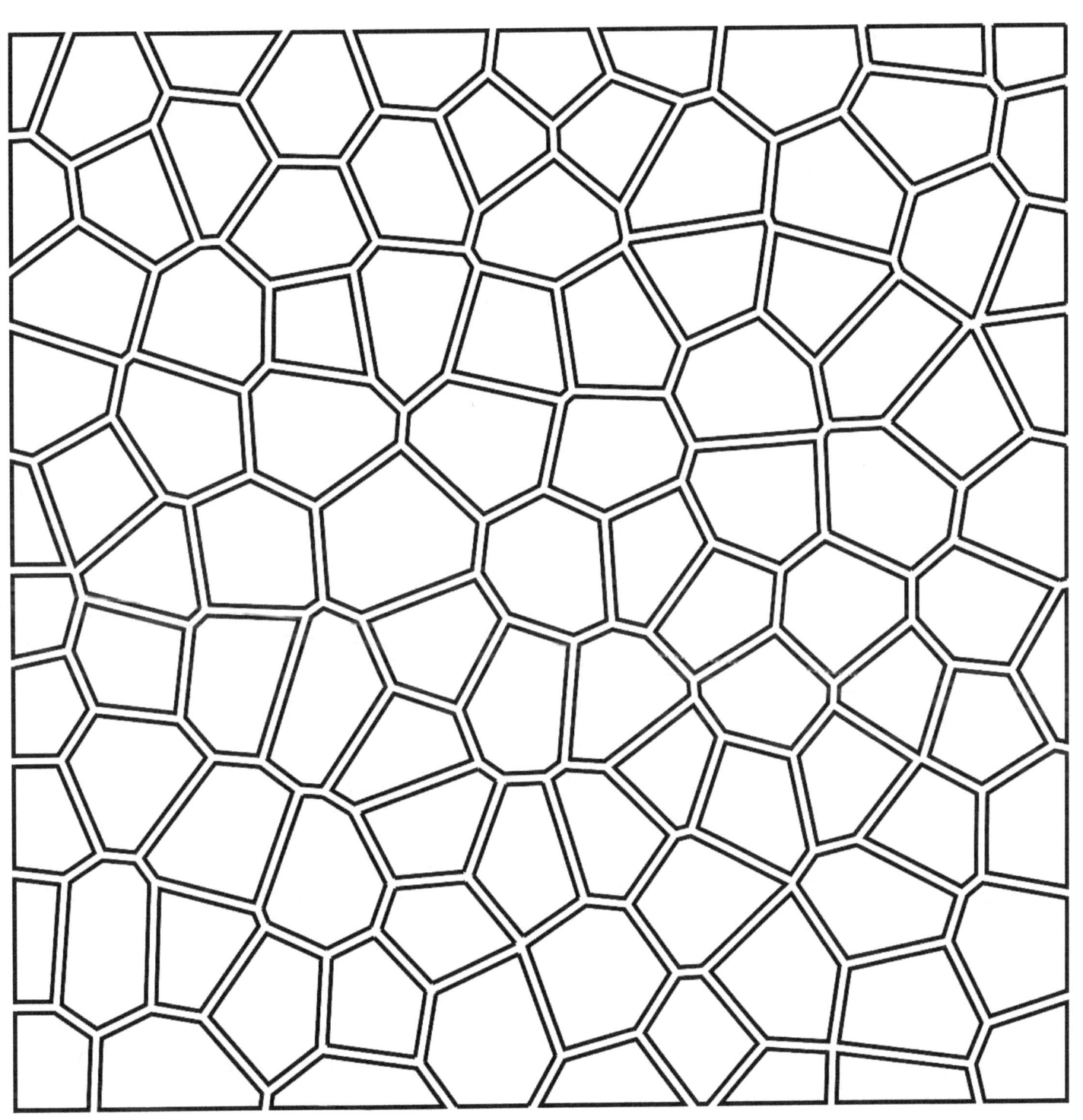

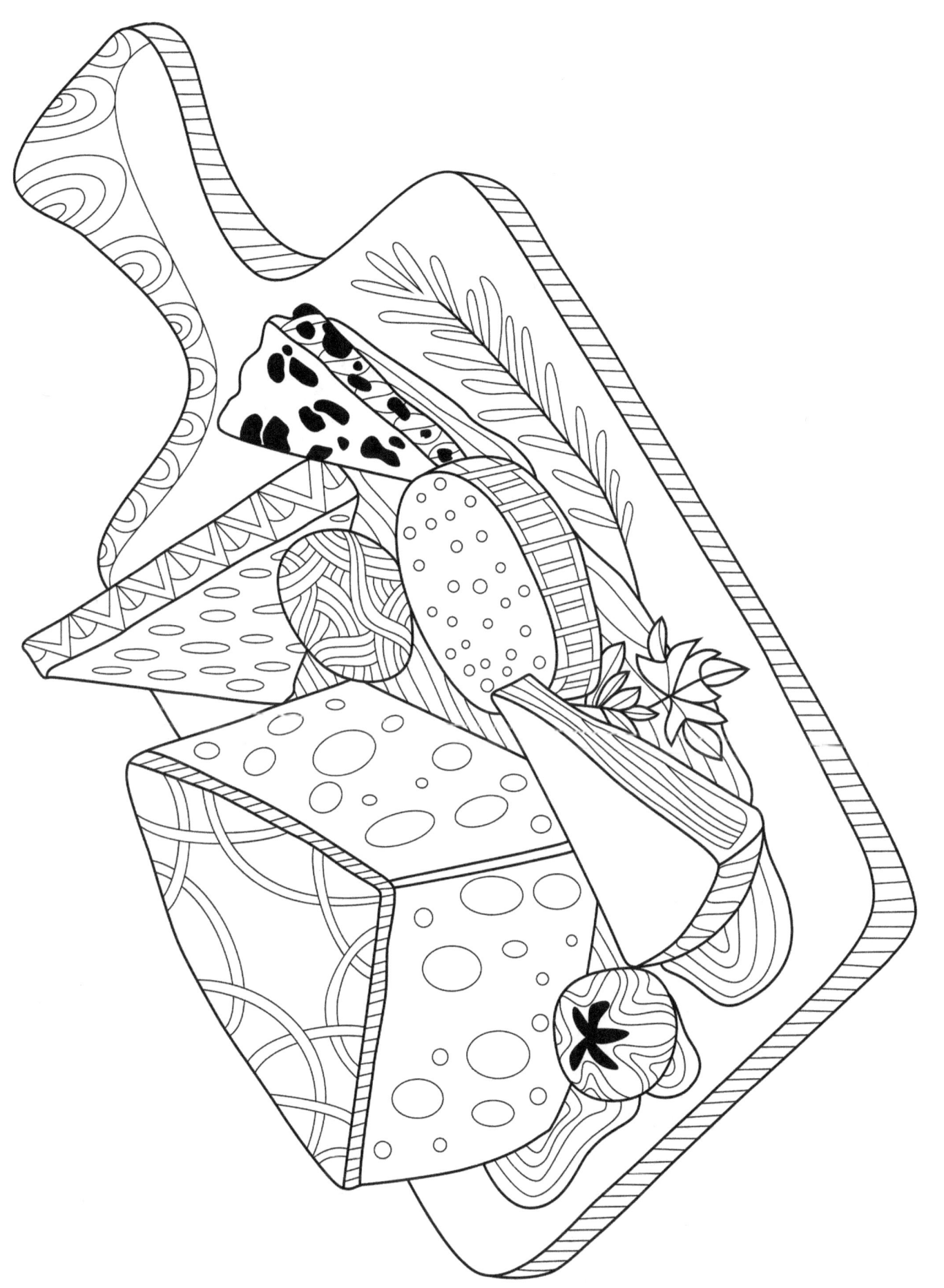

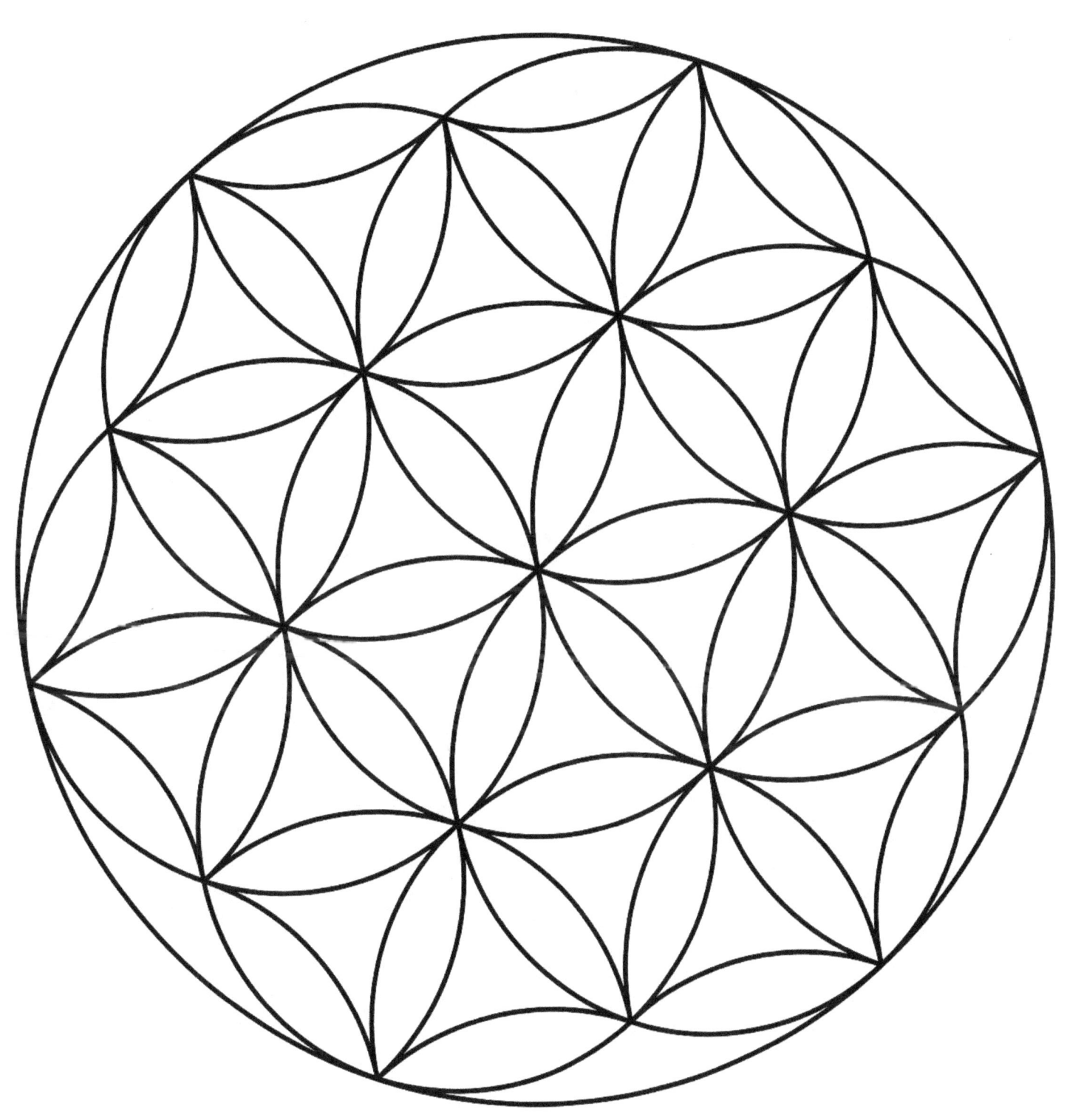

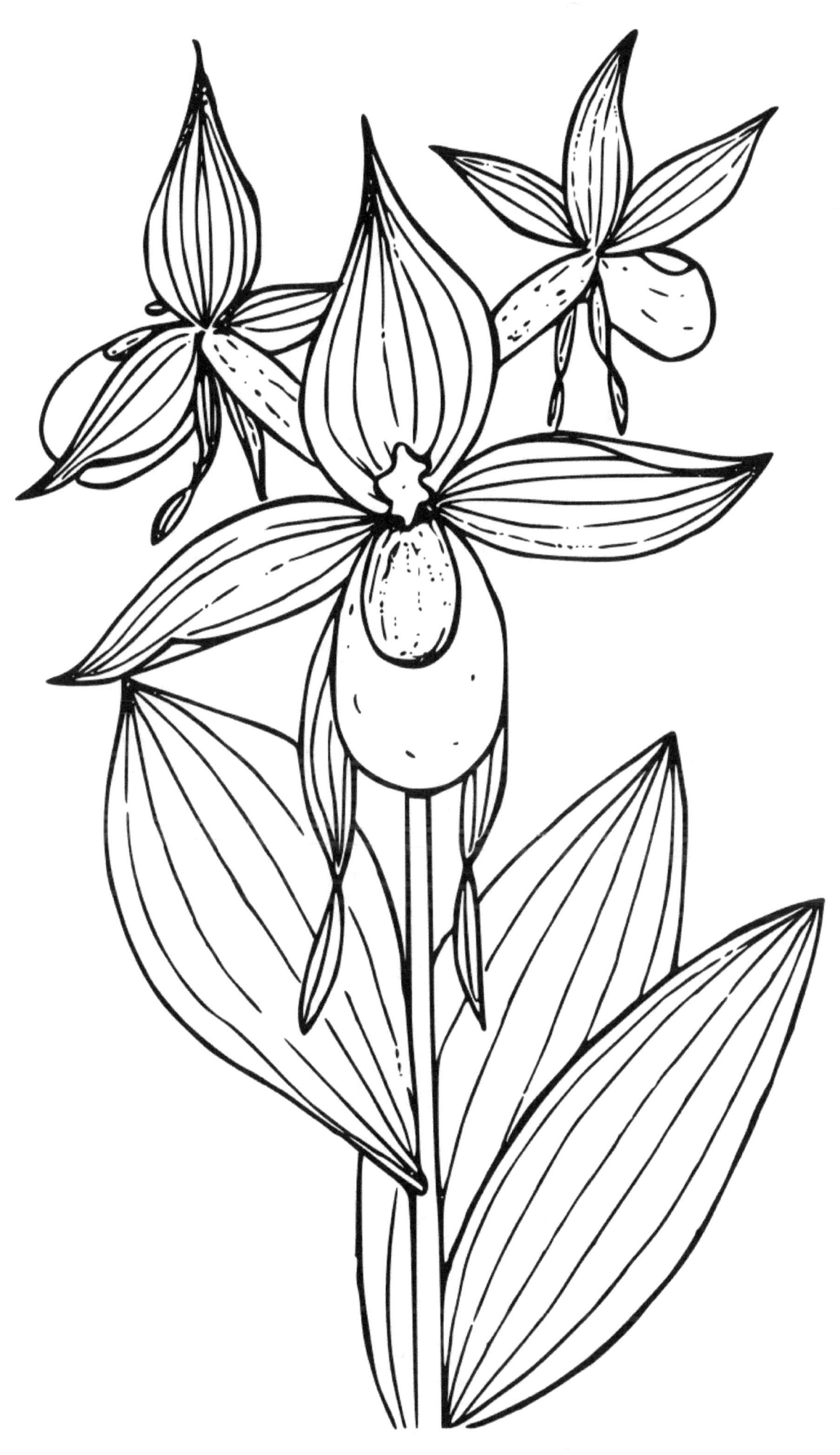

Wichtige Hinweise

Alle Angaben in diesem Buch wurden sorgfältig und nach bestem Wissen erstellt und erfolgen ohne Verpflichtung oder Garantie der Autorin und des Verlages. Sie übernehmen keine Verantwortung und Haftung für das Gelingen, sowie für Personen-, Sach- und Vermögensschäden.

2. Auflage 2016
Herausgeber und Copyright©:
SuperSenior® Marketing Ltd.
Quastenhornweg 2a
14089 Berlin